KB079161

에피쿠로스의 네 가지 처방

에피쿠로스의 네 가지 처방

불안과
고통에
대처하는

철학의
지혜

The Fourfold Remedy
John Sellars

존 셀라스 지음
신소희 옮김

복복서가

머리말

행복한 삶을 사는 데 진정으로 필요한 것은 무엇일까? 우리는 잘사는 데 **필요하다고 여겨지는** 것들을 지키기 위해 과도한 시간과 노력을 들이곤 한다. 하지만 만족스럽다고 느끼는 데 **실제로 필요한** 것이 무엇인지 심사숙고해 본 사람은 과연 얼마나 될까? 이천 년도 더 전에 그리스 철학자 에피쿠로스가 그렇게 했다. 그는 인간이 진정으로 바라는 것은 무엇인지, 그 바람을 실현하기 위해 해야 할 일과 해선 안 될 일은 무엇인지 숙고했다. 에피쿠로스가 찾아낸 대답은 단순했다. '즐거움.' 인간이 진정으로 바라는 건 즐거움뿐이다. 오늘날 우리는 '에피쿠로스주의'라는 말에서 술과 식도락, 육체적 욕구의 게걸스러운 충족, 퇴폐적인 방종을 연상한다. 그러나 이런 것들은 에피쿠로스가 제시한 즐거운 삶과는 아무 상관이 없다. 에피쿠로스는 육체적 쾌락보다는 정신적 쾌락에 더 관심이 많았고, 어떻게 보면 쾌락을 추구하는 것 자체보다 고통을 피하는 데 더 관심이 많았다고 할 수 있다. 그가 생각하기에 인간의 이상적 삶은 육체적 욕구의 충족보다는 모든 정신적 고통에서 자유로워지는 상태에 이르기 위해 매진하는 것이었다. 에피쿠로스는 이를 아타락시아ataraxia라고 불렀는데, 직역하면 '근심 없음'이지만 '평정' 정도로 이해하는 것이 가장 좋을 것이다. 에피쿠로스는 아타락시아야말로 모든 인간이 궁극적으로 추구하는 것이며, 자신이 아타락시아에 이르는 최선의 방법을 안다고 주장했다.

어떻게 하면 정신적 고통을 극복하고 평정 상태에 도달할 수 있을까? 에피쿠로스는 먼저 우리가 느끼는 불안의 원인을 규명해야 하며, 그런 다음 논거를 통해 그런 불안에 근거가 없음을 밝혀내야 한다고 생각했다. 우리는 딱히 걱정할 이유가 없는 일들을 걱정한다는 것이다. 에피쿠로스는 불안의 네 가지 원인을 규명하고 그 각각을 반박하는 논거를 제시했다. 그래서 훗날의 어느 에피쿠로스 추종자는 그의 철학을 '네 가지 처방'이라고 부르기도 했다.

에피쿠로스 철학은 수백 년이 넘도록 푸대접을 받아왔다. 무신론, 부도덕, 감각적 탐닉과 결부되었고, 그로 인해 오랫동안 위험하고 부패한 사상으로 죄악시되었다. 하지만 실상은 전혀 다르다. 에피쿠로스는 단순한 즐거움에 기반을 둔 소박한 삶을 옹호했으며, 지금 여기서 정신적 평정에 이르는 것을 지상목표로 삼았다. 에피쿠로스의 메시지는 우리가 이미 필요한 모든 것을 갖고 있으며 그 사실을 깨닫기만 하면 된다는 것이다. 그런 깨달음만 얻고 나면 모든 불안은 자연히 사라질 것이다.

독자의 관점에 따라 이 책은 내 이전 저서 『사는 게 불안한 사람들을 위한 철학 수업』의 자매편 혹은 경쟁작이 될 것이다. 에피쿠로스는 스토아 철학의 창시자 제노와 동시대인이었으며, 고대에는 스토아 철학과 에피쿠로스 철학이 경쟁 관계로 여겨졌다. 실제로 에피쿠로스 철학자들과 스토아 철학자들은 종종 논쟁을 벌이곤 했다. 스토아 철학자들이 덕성의 함양을 주장하고 자연에 합리적인 질서가 존재한다고 여긴 반면, 에피쿠로스 철학자들은 쾌락을 옹호하고 자연계는 혼돈의 우연한 부산물이라고 생각했다. 하지만 두 철학에는 공통점도 많았다. 양쪽 모두 인간의 모든 지식은 감각을 통해 획득된다고 여겼으며 유물론에 기울었고 사후세계는 존재하지 않는다고 믿었다. 양쪽 모두 잘사는 데 많은 재산은 필요 없으며 평온한 정신 상태에 이르는 것이 무엇보다 중요하다고 주장했다. 고대에 스토아 철학자 세네카는 종종 에피쿠로스뿐만 아니라 로마의 시인이자 에피쿠로스 철학자인 루크레티우스도 인용하곤 했는데, 그들의 말에 보편적인 가치가 있다고 생각했기 때문이다. 19세기 초에 요한 볼프강 폰 괴테는 에피쿠로스적 기질과 스토아적 기질을 절반씩 가진 사람들도 있다고 언급함으로써 두 철학이 본질적으로 양립 불가능하다는 기존의 관점을 뒤엎었다. 좀더 최근에는 인지정서행동치료의 창시자 앨버트 엘리스가 에피쿠로스를 스토아 철학자 에픽테토스, 마르쿠스 아우렐리우스와 함께 현대 인지심리치료의 선구자로 꼽기도 했다.

에피쿠로스 철학은 오늘날 우리에게도 많은 교훈을 준다. 불안이 가득한 이 시대에 마음의 평화를 얻는 방법을 가르쳐주며, 과도한 물질소비문화 속에서 잘사는 데 실제로 필요한 것은 얼마나 되는지 다시 생각해보게 한다. 사회적 고립이 심각한 세상에서 우정의 가치를 일깨워주기도 한다. 하지만 무엇보다도 중요한 것은 거짓 정보가 사방에 넘쳐나는 현대사회에서 있는 그대로의 진실의 중요성을 강조한다는 점이리라.

1장

치료로서의
철학

"인간의 고통에 치료법을 제시하지 않는 철학자의 말은 공허할 뿐이다." 기원전 4세기 중반 그리스 사모스섬에서 태어나고 자란 철학자 에피쿠로스가 남긴 말이다. 전하는 이야기에 따르면, 그는 십대 시절 학교 선생님이 헤시오 도스 시詩의 주제를 설명하지 못한 것에 실망하여 철학에 관심을 갖게 되었다고 한다. 에피쿠로스의 양친이 아테네 출신이었기에 그 역시 태어나면서부터 아테네 시민권을 갖게 되었다. 에피쿠로스는 열여덟 살이 되자 양친의 고 향으로 떠났는데, 아테네 시민권자의 의무인 군역을 마치기 위해서였던 것으로 보인다. 에피쿠로스가 사모스섬으로 돌아가려 할 무렵 그의 가족을 비롯한 아테네 출신 주민들이 섬에서 추방당했고, 에피쿠로스는 이후로 몇 년간 이곳저곳을 떠돌며 지내게 된다. 레스보스섬의 미틸레네에 머무는 동안 그는 철학 강의를 시작했고 평생지기가 될 헤르마르코스도 만났다. 하지만 현지 주민들이 아테네식으로 대중 앞에서 철학을 설파하는 그의 방식에 반감을 드러내자 에피쿠로스는 헤르마르코스와 다른 몇 사람을 데리고 소아시아 본토의 람프사코스로 떠난다. 고대 트로이 왕국 근처 도시인 람프사코스에서 에피쿠로스는 몇 년 동안 열성적 추종자들을 모으지만, 미틸레네에서의 경험으로 철저한 은둔생활을 한다. 결국 이들과 함께 아테네로 옮겨가기로 결정하면서 에피쿠로스는 아테네 성벽 외곽에 땅 한 뙈기를 구입한다. 단순히 '정원'이라고만 알려진 이 땅에서 에피쿠로스와 친구들, 그리고 새로운 추종자들은 자급자족을 하며 소박한 삶을 꾸려나간다. 기원전 1세기 초에 로마의 장군 술라가 아테네를 장기간 포위하면서 이백 년 넘게 번성해온 철학 공동체 '정원'은 파괴되어 사라지지만, 그뒤로도 아테네에 에피쿠로스 철학자들이 살았던 것은 분명하다.

에피쿠로스는 약 사십 년간 이 철학 공동체를 이끌면서 간소한 집단생활을 영위했다. 친구들끼리는 모든 재산을 공유해야 한다고 주장하는 고대 철학자도 있었지만, 에피쿠로스의 정원은 공산주의 공동체가 아니었으며 각자 사유재산을 유지했다. 나중에 살펴보겠지만 이는 에피쿠로스가 생각하는 우정이라는 개념에서 중요한 지점이다. 에피쿠로스가 세상을 떠났을 때 정원과 모든 장서는 공동체의 두번째 수장이 된 오랜 벗 헤르마르코스가 물려받았다. 에피쿠로스의 생일은 공식 축일이 되고 그를 기리는 조각상이 세워졌으며, 인도에서 석가모니가 사망한 뒤 불교가 생겨났듯이 에피쿠로스 숭배가 나타났다. 이후에도 로마의 에피쿠로스 추종자들 사이에 에피쿠로스의 생일에 희생제물을 바치고 그의 초상화를 지니고 다니는 등의 숭배 행위가 남아 있었다고 대*플리니우스는 기록한다. 이런 이야기를 들으면 에피쿠로스주의가 냉철한 이성에 기반을 둔 철학이라기보다 종교운동처럼 느껴질 수도 있겠지만, 석가모니의 제자들이 그랬듯이 에피쿠로스 추종자들의 행위 역시 인간의 고통을 극복하는 법을 설파했던 유한자에 대한 존경의 표시일 뿐이었다.

에피쿠로스 추종자들의 헌신은 때로 과도한 양상을 띠기도 했다. 에피쿠로스가 아테네에 온 지 오백 년 되던 해, 리키아(현재 터키 남서부의 도시)의 작은 마을 오이노안다에서는 나이든 추종자 한 명이 주랑이 있는 거대한 벽을 세우고 거기에 에피쿠로스가 생전에 한 말을 새겨 모든 사람이 읽을 수 있게 했다. 그 노인의 이름은 디오게네스*였다. 디오게네스의 벽은 지금 남아 있지 않지만 벽을 이루었던 돌덩어리 여러 개가 아직도 마을의 폐허 여기저기에 흩어져 있으며, 명문銘文 일부는 복구되기도 했다. 벽의

---

* 견유학파 철학자 디오게네스와 동명이다.

전체 길이는 40미터에 이르렀을 것으로 추정된다.

  디오게네스의 벽에는 에피쿠로스의 말뿐만 아니라 그의 철학적 해석도 함께 새겨져 있었다고 한다. 디오게네스는 왜 이런 일을 했을까? 벽을 세우는 데는 분명 어마어마한 비용이 들었을 것이다. 다행히도 디오게네스는 명문 첫머리에 그 이유를 밝혔는데, 에피쿠로스식 치료법이 동료 시민들에게 유익하리라고 생각했다는 것이다. 디오게네스는 많은 사람들이 "만사를 그릇되게 생각하는 흔한 질병에 시달리고 있다"고 썼다. 게다가 사람들이 마치 병든 양처럼 서로를 감염시키기에 이런 혼란은 끝도 없이 퍼져나간다고. 그가 벽에 명문을 새긴 것은 이런 질병에 처방전을 제공하고 잘못된 신념을 구제하기 위해서였다. 디오게네스는 벽에 새겨진 말들이 자신을 비롯한 에피쿠로스 철학자들의 검증을 거친 확실한 치료약이라고 단언했다.

  정당한 근거도 없이 우리를 사로잡는 공포를 쫓아내고,

허무맹랑한 고통을 일소했으며, 실제로 존재하는 자연
스러운 고통 또한 최소로 줄일 수 있었다네.

에피쿠로스 사상에 관한 해석을 디오게네스는 편지 형
식으로 서술했는데, 그중에는 물리학이나 윤리학에 관한
편지도 있다. 이 글들은 자기 철학의 주요 개념을 요약하
여 친구들에게 편지를 보냈던 에피쿠로스의 모범을 따
른 것이다. 지금까지 남아 있는 에피쿠로스의 편지는 세
통뿐이다. 헤로도토스(유명한 역사가와는 다른 사람이다)
에게 물리학 이론을 설명한 편지, 피토클레스에게 기상
학을 설명한 편지, 메노이케우스에게 윤리학과 행복하게
잘사는 법을 설명한 편지다. 이 편지들은 에피쿠로스의
사상을 이해하는 데 있어 가장 중요한 자료에 속한다.
　「메노이케우스에게 보내는 편지」의 첫 구절에서, 에피
쿠로스는 자신의 철학이 근본적으로 치료를 위한 것이라
고 말한다.

젊은 시절에 철학 공부를 미루어서는 안 되며, 성숙한 뒤에도 철학에 싫증을 내서는 안 되네. 왜냐하면 정신 건강을 추구하는 데 있어서 너무 이르거나 늦은 경우는 없기 때문이네.

따라서 정신건강, 문자 그대로 '영혼의 위생'이라는 개념은 새로운 것이 아니다. 에피쿠로스는 이어서, 철학은 우리 모두가 추구하는 단 하나의 목표인 행복에 이를 수 있는 유일한 길이기 때문에 언제 어디서나 중요한 문제라고 말한다. "행복한 사람은 모든 것을 가진 셈이며, 행복하지 않은 사람은 행복해지기 위해 할 수 있는 모든 것을 한다네."

정말로 철학이 행복을 가져다줄 수 있을까? 에피쿠로스는 차분한 평정심에 이르는 것이 관건이라고 말한다. 그렇다면 어떻게 평정에 이를 수 있을까? 욕망의 좌절과 미래에 대한 염려라는 두 가지 위험을 극복함으로써 평정에 이를 수 있다. 에피쿠로스에 따르면 그의 철학은 이 같은 심리적 불안의 두 가지 원인에 효과적인 처방을 제공한다. 이런 위험들에 대한 자신의 논거를 받아들임으로써 누구나 갈망하는 행복에 이를 수 있다는 것이다.

이런 의미에서 에피쿠로스 철학은 실제로 일종의 심리 치료인 셈이다. 앞서 언급했듯이 앨버트 엘리스는 에피쿠로스 철학이 인지심리치료의 한 종류라고 생각했으며, 우리가 느끼는 감정적 동요의 대부분이 외부 세계를 통제할 수 있다는 착각에서 비롯한다는 관점에서 스토아 철학이나 불교와도 궤를 같이한다고 보았다. 그렇다면 에피쿠로스가 물리학이나 기상학에 관한 편지를 쓴 이유는 무엇일까? 이런 주제들이 정신건강과 무슨 상관이 있단 말인가? 대답은 간단하다. 우리의 공포와 불안은 흔히 사물을 있는 그대로 보지 못하는 데 기인하기 때문이다. 잘살기 위해 필요한 것이 무엇인지 잘못 이해하거나 실존하지 않는 위협을 상상하기 때문이다. 에피쿠로스는 공포와 불안에서 자유로워지려면 세계의 작동 원리를 알아야 한다고 주장한다.

물리학 연구가 정신적 동요를 치유하는 데 중요한 역할을 한다는 발상은 에피쿠로스의 가장 유명한 추종자인 루크레티우스의 작품에서도 핵심적인 내용이다. 루크레티우스의 삶에 관해서는 알려진 바가 많지 않다. 기원전 1세기에 아마도 나폴리만灣 근처에 살았던 로마인이며 광범위한 에피쿠로스학파 공동체의 일원이었다는 정도만 밝혀졌을 뿐이다. 지금까지 남아 있는 루크레티우스의 작품은 『사물의 본성에 관하여』라는 철학시뿐이다. 베누스 여신에게 바치는 이 시는 대부분 에피쿠로스의 물리학 이론을 설명하고 옹호하는 내용이다. 루크레티우스는 이 시를 멤미우스라는 사람에게 헌정했는데, 당대 로마의 정치가 가이우스 멤미우스로 추정되는 이 인물은 아마도 루크레티우스의 후원자였을 것이며 한때 에피쿠로스의 아테네 자택 유적을 소유하기도 했다.

　『사물의 본성에 관하여』는 우주의 형성에서 인간 기술의 발달에 이르기까지 세상 만물을 자연주의(정확히 말하면 원자론)에 입각하여 설명하는 데 중점을 둔다(원자론에 관해서는 나중에 다시 다룰 것이다). 하지만 이 철학시의 놀라운 점 가운데 하나는 루크레티우스가 자연계를 이해하려 애쓰는 주요한 이유가 그런 이해에 따르기 마련인 치유 효과 때문임을 독자에게 꾸준히 상기시킨다는 것이다.

『사물의 본성에 관하여』에서 루크레티우스가 시종일관 가장 적대시하는 것은 '미신'이다. 인간이 온갖 무익한 행동을 저지르게 만드는 거짓되고 분명치 않은 신념 말이다. 이 철학시의 1권 첫머리에 루크레티우스는 다음과 같이 적었다.

이 같은 정신의 두려움과 어둠은 일광, 수시로 변하는 대낮의 햇살로 물리칠 수 없으며, 오직 자연의 외적 형태와 내적 작용을 이해함으로써 떨쳐낼 수 있다.

루크레티우스가 이 구절을 중요하게 생각했다는 사실은 뒤에서도 이 구절이 토씨 하나 바뀌지 않고 세 번이나 반복된다는 점에서 확인할 수 있다. 다른 구절에서 그는 오직 이성만이 밤잠을 설치게 하는 불안과 공포를 치유할 수 있다고 주장하기도 한다. 이성은 진정한 '사물의 본성'을 드러내기 때문이다. 루크레티우스는 이렇게 시를 통해 이성적이고 과학적인 처방을 제시하는 일이 마치 의사가 알약에 설탕을 입히는 것과 같다고 말한다. 또한 그런 식으로 우리의 삶을 변화시킬 수 있다는 점에서 철학이야 말로 인간 최고의 발명품이라고(심지어 농사보다도 더 중요한 발명품이라고) 칭송한다. 철학 없이 우리는 행복하고 평정한 삶을 살아갈 수 없기 때문이다.

　로마에 에피쿠로스 철학자가 루크레티우스만 있었던 것은 아니다. 앞에서 언급했듯이 그는 나폴리만 근처에 위치한 에피쿠로스학파 공동체의 일원이었을 것이다. 이 공동체의 주요 인물 중에는 에피쿠로스 철학 교육자인 시로가 있었는데, 그의 제자 중 한 명이 시인 베르길리우스였다. 베르길리우스는 시로가 죽은 뒤 그의 저택을 물려받기도 했다. 베르길리우스의 초기 시에는 루크레티우스의 시에서 살펴본 것과 매우 유사한 정서가 드러난다.

　사물의 이치를 깨달은 사람,
　완고한 운명과 게걸스러운 지옥에의 공포를
　발로 짓눌러 으깨버릴 수 있는 사람은 행복하여라.

　호라티우스 또한 에피쿠로스 사상에 영향을 받은 로마
의 유명 시인이었다. 그의 『풍자시』는 이런 영향이 가장
뚜렷이 드러나는 작품이다. 베르길리우스와 호라티우스
모두 마찬가지로 나폴리만에 살았던 시인이자 에피쿠로
스 철학자 필로데모스의 영향을 받았는데, 이 인물에 관
해서는 나중에 다시 살펴보자. 에피쿠로스 철학의 추종자
들은 로마의 문학계뿐만 아니라 정계에서도 찾아볼 수 있
는데, 그중에는 율리우스 카이사르의 암살자로 역사에 남
은 브루투스와 카시우스도 있었다. 그런데 반대편, 즉 카
이사르의 지지자이자 그의 장인이었던 루키우스 칼푸르
니우스 피소 역시 에피쿠로스주의에 공감했던 것으로 보

인다. 폼페이에서 멀지 않은 나폴리만의 도시 헤르쿨라네움에 있던 피소의 대저택은 현지 에피쿠로스학파 공동체의 중심이었다고 전해진다. 피소는 여러 에피쿠로스 철학자를 후원했던 것으로 추측되는데, 그중 가장 중요한 인물이 바로 필로데모스였다. 또한 피소의 대저택 서재에는 필로데모스의 여러 저서와 에피쿠로스의 저서를 포함한 방대한 분량의 에피쿠로스 철학서가 소장되어 있었다.

이처럼 루크레티우스, 베르길리우스, 필로데모스를 비롯한 에피쿠로스 철학자들은 로마의 일상적 권모술수로부터 멀리 떨어져 유유자적한 이탈리아 해변에서 저 유명한 '정원'의 정신을 되살리려 했다. 철학은 치료이며 구원은 세상의 이치를 이해함으로써 가능하다는 에피쿠로스의 핵심 사상을 포용했던 것이다.

2장

평정으로
가는 길

현대 영어에서 '에피쿠로스적epicurean'이라는 단어는 술과 미식 같은 육체적 쾌락을 즐기는 사람을 뜻하게 되었다. 하지만 에피쿠로스주의자라는 말에서 탐욕스러운 돼지를 연상하는 것이 현대에 와서 새롭게 생겨난 현상은 아니다. 고대에도 에피쿠로스 철학을 돼지와 연결짓는 일은 드물지 않았다. 시인 호라티우스는 친구에게 보낸 편지에서 농담조로 자신이 "에피쿠로스의 돼지들 중 하나로서 잘 먹고 잘살며 지낸다"고 적었다. 고대의 어느 비평가는 에피쿠로스가 하루에 두 번씩 구토할 정도로 과식했다는 소문을 퍼뜨리기도 했고, 에피쿠로스와 그 추종자들이 매춘부와 어울렸다고 말하는 사람도 있었다. 스토아 철학자들은 에피쿠로스가 나약하다고 비웃었다. 하지만 사실 에피쿠로스는 지극히 검소하게 살았다. 빵과 물만 먹고도 만족했으며 이따금씩 치즈를 곁들이는 사치를 즐겼을 뿐이다.

그렇다면 에피쿠로스주의의 악명은 대체 어디서 온 걸까? 쾌락이야말로 좋은 삶의 열쇠라는 에피쿠로스의 주장이 화근이었다. 쾌락은 좋은 것이며 고통은 나쁜 것이니 쾌락을 추구하고 고통을 피해야 한다. 바로 이것이 우리가 하는 모든 행동의 원인이자 목적이라고 에피쿠로스는 말했다. 우리가 본능적으로 쾌락을 추구하고 고통을 피한다는 점에서는 원인이며 우리의 모든 행동이 궁극적으로 이르고자 하는 상태라는 점에서는 목적이다. 문제는 우리가 쓸데없이 상황을 복잡하게 만들곤 한다는 것이다. 사실 인생이란 매우 단순하며, 쾌락을 추구하고 고통을 피하는 것이 전부인데 말이다.

놀랍도록 단순한 이야기로 들린다. 어쩌면 지나치게 단순하지 않나 싶기도 하다. 에피쿠로스의 관점은 사실 이보다 훨씬 더 복잡하고 미묘했다. 그는 다양한 종류의 쾌락 사이에 존재하는 차이에 주목했다. 가장 중요한 차이는 그의 표현에 따르면 '동적인' 쾌락과 '정적인' 쾌락의 차이다. 어떤 행동이나 과정에서 얻게 되는 쾌락과 어떤 상태나 조건에서 느끼는 쾌락, 즉 '행위'와 '존재'의 차이라고 말할 수 있을 것이다. 예를 들어 우리는 먹는 일의 동적인 쾌락과 허기가 가시고 배부른 상태의 정적인 쾌락을 구분할 수 있다. 물론 먹는 과정도 즐거울 수 있지만, 에피쿠로스의 주장에 따르면 애초에 우리가 먹는 **이유**는 허기를 느끼지 않는 상태에 이르기 위해서다. 우리의 목적은 먹는 행위에 따른 쾌락이 아니라 배고픔에 따른 고통의 극복인 것이다. 이런 점에서 보면 에피쿠로스주의란 미식에 열광하는 현대적 '식도락가epicure'의 이미지와 전혀 다르다고 할 수 있다. 우리의 목적은 쾌락이지만, 먹는 행위라는 동적인 쾌락이 아니라 만족스러운 상태라는 정적인 쾌락에 도달하는 것이다. 중요한 것은 먹는 즐거움이 아니라 배가 고프지 않다는 만족감이다. 또한 에피쿠로스에 따르면 배가 고프지 않다는 것은 단순히 고통스럽지 않은 상태가 아니다. 그렇게 표현한다면 지루하고 밋밋하게 들릴 것이다. 배가 고프지 않다는 것 자체가 하나의 쾌락이다. 에피쿠로스에 따르면 고통과 쾌락 사이의 중립 상태 같은 건 없기 때문이다. 인간은 결코 완전한 무감각 상태에 있을 수 없다. 고통이 없다는 것 자체가 쾌감을 느끼는 상태이며, 반대로 쾌감을 전혀 느끼지 못하는 삶은 고통스러울 것이다.

이와 관련하여 또하나의 중요한 지점이 있다. 동적인 쾌락은 양적으로 변화할 수 있다. 인간은 계속 먹고 또 먹을 수 있으니까. 하지만 배가 부르고 허기가 가시면 도달하게 되는 만족스러운 상태는 언제나 동일하다. 배가 부르면 부른 것이고, 계속 먹는다고 해서 더 '허기가 가신' 상태에 이르진 않는다. 정적인 쾌락은 증가할 수 없다. 오히려 계속 먹다가 소화불량을 일으켜 쾌락이 아닌 고통에 다다를 가능성이 크다. 따라서 쾌락의 추구에는 명백한 한계가 존재하며, 그 한계는 인간이 정적인 쾌락 상태에 도달했을 때라는 것이 에피쿠로스의 생각이다. 에피쿠로스의 표현에 따르면 "일단 결핍이 충족되어 고통이 사라지고 나면 육체적 쾌락은 다각화될지언정 증가하지는 않는다". 다시 말해 허기가 가신 뒤에도 계속 음식을 먹으며 다양한 맛을 느낄 수는 있겠지만, 이는 배가 고픈 고통을 극복한다는 기본적 욕구에 비하면 피상적인 것이다. 쾌락을 추구한다는 것은 사실상 고통이 없는 상태, 추위와 배고픔과 아픔 등 우리가 피하고 싶어하는 조건에서 벗어난 상태를 추구하는 것이다. 따라서 에피쿠로스적 쾌락이란 탐식과는 아무 상관이 없으며, 그리 많은 것 없이도 도달할 수 있는 만족스러운 상태를 목표로 하는 소박한 생활일 뿐이다.

지금까지 우리는 육체적 쾌락과 고통, 즉 먹는 행위에 따른 동적인 쾌락과 배고프지 않은 상태에 따른 정적인 쾌락에 관해서만 논했다. 에피쿠로스도 궁극적으로는 이런 기본적 쾌락이 삶의 기반을 이룬다고 생각했지만, 사실 그는 인간의 내면에서 일어나는 일에 훨씬 더 관심이 많았다. 배가 고프다는 육체적 고통은 결코 유쾌한 경험이 아니지만, 일시적인 것이라면 견디기가 그렇게까지 힘들진 않다. 하지만 공포나 불안 같은 정신적 고통은 훨씬 파괴적이며 인간의 일생을 망가뜨릴 수 있다. 따라서 에피쿠로스 역시 정신적 고통을 주요 관심사로 삼게 되었다.

에피쿠로스가 정신적 쾌락과 고통에 주목한 이유 중에는 무엇이 우리를 진정으로 괴롭히는가에 관한 성찰도 있었다. 치과에 가는 것을 두려워하는 사람은 실제로 치료 과정에서 겪는 통증보다 치과에 **가야 한다는** 불안 때문에 훨씬 더 괴로워한다. 이에 구멍을 뚫을 때는 마취를 하니까. 많은 사람들이 현재 필요한 것을 모두 가지고 있음에도 나중에 돈이 모자랄까봐 걱정하느라 상당한 정신적 에너지를 소모한다. 마찬가지로 발을 찧었다거나 등이 아프다거나 하는 실제의 육체적 고통은 당장엔 괴롭지만 대체로 금세 잊히곤 한다. 사실 인간은 육체적 고통을 무척 잘 견디는 편인데도, 정말로 겪게 될지 확실하지도 않은 육체적 고통을 염려하느라 심각한 정신적 고통을 느끼기 일쑤다. 따라서 우리가 느끼는 고통의 대부분은 우리가 자초한 정신적 고통이다. 하지만 달리 생각하면 이는 그 고통을 개선할 여지가 있다는 의미이기도 하다.

한편 육체적 쾌락은 덧없고 순간적이다. 맛있는 식사는 하루만 지나도 기억이 가물가물해지지만, 식사중에 친구들과 즐거운 대화를 나누며 느낀 정신적 쾌락은 좀더 오래 지속되기 마련이다. 게다가 나중에 그 대화를 되새겨보면 또다시 정신적 쾌락을 느낄 수 있다. 따라서 고통이든 쾌락이든 정신적인 쪽이 우리의 삶에서 더욱 중요하다고 하겠다.

그러면 이제 에피쿠로스의 분류에 따른 네 가지 쾌락의 유형을 살펴보자. 먹는 행위와 같은 동적인 육체적 쾌락, 배고프지 않은 상태와 같은 정적인 육체적 쾌락, 친구들과의 즐거운 대화와 같은 동적인 정신적 쾌락, 아무런 방

해도 받지 않는 상태와 같은 정적인 정신적 쾌락. 에피쿠로스에 따르면 이 네 가지는 모두 본질적으로 좋은 것이지만 그중 가장 중요한 것은 마지막 유형, 즉 불안도 걱정도 두려움도 느끼지 않는 정적인 정신적 쾌락이다. 말하자면 이는 배고프지 않은 상태의 정신적 등가물이라고 할수 있다. 에피쿠로스는 이 상태를 **아타락시아**라는 용어로 표현했는데, 직역하면 '근심 없음'이지만 대체로 '평정'이라고 번역한다.

우리가 진정으로 바라는 것은 평정, 즉 정신적 동요가 없는 상태다. 또한 우리는 가능하다면 육체적 고통도 피하고 싶어한다. 에피쿠로스 철학에서는 고통 역시 본질적으로 나쁜 것이기 때문이다. 하지만 에피쿠로스는 정신적 고통보다 육체적 고통이 훨씬 견디기 쉽다고 보았다. 육체적 고통을 이겨내는 방법 가운데 하나는 이를 정신적 쾌락으로 상쇄하는 것이다. 예를 들어 휴가 여행을 떠나하루종일 새롭고 흥미로운 장소들을 둘러봤더니 발이 쑤시고 머리도 깨질 듯이 아프다고 상상해보자. 하지만 이런 고통은 그날 느낀 정신적 자극에 의해 쉽게 상쇄되고, 그 여행은 전반적으로 긍정적이고 유쾌한 경험으로 기억될 것이다.

그렇다면 에피쿠로스 철학은 다양한 고통과 쾌락을 저울질하여 전체상을 파악하는 활동이라고 말할 수도 있다. 이런 과정을 '쾌락 계산법'이라고 일컫기도 한다. 에피쿠로스에 따르면 우리는 종종 장기적 가치를 위해 즉각적인 쾌락을 포기하거나 불만 없이 고통을 감내하며, 반대로 이후에 겪을 고통을 고려해 눈앞의 쾌락을 피하기도 한다. "쾌락 자체는 결코 나쁘지 않지만, 쾌락을 주면서 그보다 더욱 큰 말썽을 일으키는 일들이 있다." 마찬가지로 우리는 결과적으로 더욱 큰 쾌락을 얻기 위해, 혹은 그저 나중에 더 큰 고통을 피하기 위해 눈앞의 고통을 감수하기도 한다. 따라서 쾌락이란 모두 좋은 것이지만 무조건 추구할 가치가 있는 것은 아니며, 궁극적으로 판단하고 계산하는 성찰 과정이 필요하다. 그런데 여기서 핵심은 에피쿠로스가 정신적 쾌락은 항상 육체적 고통을 상쇄할 수 있으며, 따라서 오늘날 쾌락주의와 연관되곤 하는 피상적인 육체적 쾌락이 아니라 정신적 삶의 내적 작용을 주된 관심사로 삼아야 한다고 생각했다는 점이다. 에피쿠로스는 심지어 과거에 경험한 정신적 쾌락을 떠올려도 현재의 강렬한 신체적 고통을 상쇄할 수 있다고 주장했다. 호라티우스가 에피쿠로스주의를 드러낸 어느 시에서 표현했듯, "최고의 쾌락은 값비싼 향료가 아니라 우리의 내면에 존재한다". 그러니 향초를 피운다고 고통이 해결되진 않는 것도 놀랍지 않다.

에피쿠로스는 육체적 고통을 견디는 데 유용한 또다른 관점도 제시했다. 그에 따르면 고통은 대체로 두 종류로 나눌 수 있다. 대체로 격렬한 고통은 빨리 끝나고 약하게 지속되는 고통은 견딜 만하다. 고통이 빨리 끝나거나 견딜 만하리라는 것을 알고 있으면 고통에 흔히 따르는 정신적 불안, 예를 들어 내가 과연 고통을 이겨낼 수 있을까하는 걱정을 덜 수 있다. 드물지만 고통이 격렬하면서도 오래가는 경우라면, 결국 그 고통(혹은 그 원인) 때문에 죽게 될 테니 어쨌든 고통은 끝날 것이다. 별로 위로가 되는 말은 아니지만, 에피쿠로스가 말하려는 요점은 육체적 고통을 너무 두려워해선 안 된다는 것이다. 우리는 고통을 견디는 데 익숙해질 수 있으며, 극한의 고통을 오랫동안 겪는 일은 드물다. 고통도 나름대로 견딜 만하며 정신적 쾌락에 견주어보면 금세 하찮아 보이게 마련이다.

흔히 희화화되는 '쾌락주의적' 생활방식과 달리, 에피쿠로스주의는 쾌락에 몰두하는 삶의 훨씬 더 복잡하고 섬세한 이미지를 제시하는 셈이다. 「메노이케우스에게 보내는 편지」에서 에피쿠로스는 쾌락이란 술판과 미식과 색욕을 좇는 것이 아니라고 말한다.

(쾌락은) 오히려 맑은 정신으로 심사숙고한 결과라네. 모든 선택과 거부 행위의 동기를 분석하고, 정신적 동요의 주된 원인인 신과 죽음에 관한 거짓 관념을 버리는 것이지.

신과 죽음에 관해서는 나중에 다시 살펴보기로 하자. 그전에 먼저 선택과 거부에 관해, 다시 말해 우리가 잘살기 위해서는 무엇이 필요한지를 생각해보자. 앞에서 이미 살펴본 것처럼, 잘살기 위해 외적 요소는 꼭 필요하지 않을 수도 있지만 성찰적·철학적 사고는 타협 불가능한 기본 조건이다. 에피쿠로스는 그런 사고야말로 크고 강력한 변화의 가능성을 지닌다고 확신했다. 메노이케우스에게 보낸 편지의 말미에서 그는 철학적 사고의 중요성을 거듭 강조한다.

이 문제 그리고 이와 관련된 내용을 혼자서 혹은 마음 맞는 친구와 함께 밤낮으로 생각해보게. 그러면 잠들어서든 깨어서든 다시는 불안을 느끼지 않을 것이며, 인간들 사이에서 신처럼 살아갈 수 있을 걸세.

3장

우리에겐
무엇이
필요한가

만족스러운 삶을 살려면 무엇이 필요할까? 나만의 집, 근사한 자동차, 그런 것을 장만할 만큼 벌이가 좋은 직업? 우리가 어떤 사람인지, 자신을 누구와 비교하는지, 속해 있는 사회의 기대치는 어떤지에 따라 우리가 필요하다고 생각하는 것은 달라질 수 있다. 몇 년 전 영국의 어느 신문은 연봉 15만 파운드(영국인 평균 연봉의 다섯 배쯤 된다)로도 살기가 힘들다고 불평하는 런던의 중산층 부부에 관한 기사를 실은 적이 있다. 그 정도의 수입은 꿈도 못 꾸는 독자들 대부분이 그 부부에게 냉정한 반응을 보인

것도 당연하다. 우리가 필요하다고 생각하는 것은 지극히 주관적이고 상대적이며 우리의 특정한 조건에 좌우된다.

이런 문제는 새로운 것이 아니다. 이미 기원전 1세기에 로마의 호라티우스도 똑같은 고민을 성찰한 바 있다. 이 세상에서 자신이 가진 것에 만족하는 사람은 아무도 없는 것 같다고 말이다. 사람들은 항상 더 많은 것을 원하며 자기보다 많이 가진 사람들을 질투한다.

"만족하는 건 불가능해. 사람의 가치는 가진 게 많을수록 높아지거든." 이렇게 말하는 자에게 뭐라고 대답할 수 있겠는가? 계속 비참하게 살라고 할 수밖에 없다. 그는 비참한 삶을 즐기는 것이니까.

탐욕과 질투 때문에 평생 비참한 상태로 살아가는 삶을 상상해보라. 도저히 그렇게 살 수는 없으리라. 만약 우리가 탐욕과 질투를 극복할 만큼 넉넉한 돈과 재산을 모은다면 또다른 불안에 사로잡힐 것이라고 호라티우스는 말한다.

그대는 두려움에 반쯤 정신이 나간 채 누워 잠도 못 이룰 것이다. 강도가 들거나 화재가 일어날까봐, 혹은 그대가 부리는 노예가 그대의 재산을 강탈하고 도망칠까봐 밤낮으로 근심하면서.

물질적 부에 따르는 축복이 그런 것이라면, 사실 가난이 그렇게 나쁜 건 아닐 수도 있다고 호라티우스는 덧붙인다. 문제는 부를 향한 끝없는 경쟁이다. 아무리 많은 것을 손에 넣어도 모자란다고 느끼는 부단한 결핍감. 우리는 얼마나 가져야 충분히 갖지 못했다는 공포에서 벗어날 수 있을까?

이 문제에 대한 에피쿠로스의 접근은 기본으로 돌아가 생각해보자는 것이다. 우리에게 정말로 **필요한** 것은 무엇인가? 우리 육체의 생존에 필수적인 것은 무엇인가? 음식, 물, 비바람을 피할 수 있는 보금자리. 이것이 전부다.

에피쿠로스는 이런 것에 대한 욕망이 '자연스럽고 필수적'이라고 말한다. 하지만 평범한 보금자리가 아니라 좋은 동네에 있고 근사한 새 주방 설비도 갖춘 나만의 집을 원한다면? 그냥 음식이 아니라 특별하고 잘 차려진 식사와 맛좋은 고급 와인을 원한다면? 에피쿠로스에 따르면 이런 욕망 역시 합리적이며 아무런 문제가 없다. 이런 것에 대한 욕망은 필수적인 범위를 많이 벗어나긴 했어도 음식과 물, 보금자리에 대한 자연스럽고 기본적인 욕망에서 나온 게 분명하니까. 에피쿠로스는 이런 것이 '자연스럽지만 불필요'하다고 말한다. 근사한 집과 맛있는 음식이 있다면 좋기야 하겠지만, 수많은 사람들이 그런 것 없이도 지극히 행복하게 살며 우리도 당연히 그럴 수 있다.

이 두 가지 범주에 속하지 않는 것도 있다. 일부 사람들이 기꺼이 많은 돈을 쓰는 것으로 보아 행복한 삶에 꼭 필요하다고 전제되는 최신 가전제품, 보석과 고급 시계 같은 물건 말이다. 에피쿠로스에 따르면 이런 것은 세번째 범주, 즉 '부자연스럽고 불필요'한 물건이다. 우리에게 굳이 필요하지 않으며 실용적이고 자연스러운 것도 아니니까.

그렇다면 우리에겐 무엇이 필요한가? 에피쿠로스의 대답은 명백하다. 우리에게 필요한 것은 자연스럽고 필수적인 물건뿐이며, 나머지는 겉치레에 지나지 않는다. 우리에게 **필요한** 것은 사실상 얼마 되지 않으며 따라서 비교적 쉽게 구할 수 있다. 에피쿠로스는 이렇게 적었다. "자연스럽게 사는 데 필요한 것은 제한적이며 쉽게 구할 수 있는 반면, 공허한 허영에는 끝이 없다." 개발도상국에는 여전히 굶주리는 사람들이 있으며 심지어 선진국에도 생활필수품을 구하는 데 어려움을 겪는 사람들이 있다. 하지만 다행히 먹을 것이 없어 굶주리는 상황을 겪지 않고 살아가는 사람들도 많다. 이런 사람들은 에피쿠로스가 불필요하다고 말한 것들을 손에 넣는 데 몰두한다. 물론 겉치레가 무조건 나쁘다는 것은 아니지만, 에피쿠로스는 두가지 요점을 명백히 한다. 첫째로, 꼭 필요하지도 않은 것을 손에 넣지 못했다고 화를 낸다면 어리석은 짓이라는 것이다. 게다가 그렇게 화를 내면 우리의 궁극적 목표인 만족스럽고 평온한 삶에서 더욱 멀어지지 않겠는가. 둘째로, 우리에게 꼭 필요한 것은 아주 적으며 구하기 어렵지 않다는 사실을 **인식**한다면 필요하다고 여기는 것을 손에 넣어야 한다는 불안의 대부분이 없어지리라는 것이다. 그런 인식 자체가 정신적 평정에 기여한다. 갑자기 압박감이 사라지는 것이다. 에피쿠로스는 이렇게 적었다. "행복한 삶의 한도를 깨달은 사람은 결핍에 따른 고통을 떨쳐내고 대체로 완전한 삶을 꾸려가는 일이 어렵지 않음을, 따라서 굳이 모험을 감행하거나 성공하려고 몸부림칠 필요가 없음을 안다."

어찌 보면 에피쿠로스는 쾌락의 추구에 한도를 두었듯 우리의 욕망에도 한도를 두려 했다고 할 수 있다. 쾌락의 추구에나 욕망에나 이 정도면 충분하다는 선을 그을 수 있다는 것이다. 더 큰 쾌락을 위해 끝없이 더 많은 물질을 추구하는 소위 '쾌락의 러닝머신'에 매일 필요가 없다. 에피쿠로스도 말했듯이 "충분함이 모자란다고 생각하는 사람에게는 어떤 것도 충분하지 못하다". 사실 우리에게 필요한 것에는 명백한 한도가 있다. 음식은 배가 고프지 않을 정도면 충분하며, 난방과 보금자리는 춥지 않을 정도면 충분하다. 게다가 우리의 육체적 욕구를 비교적 쉽게 채울 수 있다는 **인식**이 우리의 정신적 고통을 상당 부분 덜어줄 수 있다. 철학적 성찰에서 나온 인식이야말로 정신적 평정의 열쇠인 것이다.

하지만 한 가지 문제가 있다. 우리가 자연스럽지만 불필요한 욕망에 사로잡히기 쉽다는 점이다. 사실 대부분의 사람들은 운좋게도 그런 욕망을 향유하며 많은 시간을 보낼 수 있다. 빵과 물만 먹으며 연명하는 사람은 드물지 않은가? 문제는 다채롭고 입에 맞는 식생활을 즐기는데 익숙해지면 그런 식생활을 누리지 못할 때 불평하기 쉽다는 점이다. 사실 다채로운 식생활은 행복의 필수 요소가 아닌데도 그렇다고 생각하게 되는 것이다. 얼마 전까지만 해도 아침 출근 시간에 커피를 사 마실 수 있는 사람은 매우 드물었지만, 이제는 많은 사람들이 출근길의 커피 한 잔을 필수 불가결한 일상으로 여기는 듯하다. 십

여 년 전에는 존재하지도 않았던 가전제품이나 서비스가 생활의 필수적인 일부로 빠르게 자리잡고 있듯이 말이다. 이런 현상은 어떤 면에서는 그저 익숙함과 습관 때문이리라. 우리는 놀랍도록 빠르게 새로운 문물에 길들어버리니까. 물론 어느 정도는 자기네 신상품을 우리가 삶의 '머스트 해브' 아이템으로 여기도록 만들려고 혈안이 된 기업들 때문이기도 하다. 일단 그런 상품을 쓰기 시작하면 얼마 지나지 않아 그것이 없는 상태를 생각할 수도 없게 된다.

어떻게 하면 이런 상황을 피할 수 있을까? 한 가지 방법은 자연스럽지만 불필요한 욕망을 일절 거부하고 철저히 금욕적인 생활을 하는 것이리라. 그렇게 하면 덫에서 벗어날 수 있을 테니까. 에피쿠로스 역시 상당히 금욕적인 인물이었다며 불필요한 욕망은 무조건 피해야 한다고 주장하는 사람들도 있지만, 나는 에피쿠로스의 의도가 그런 것이었다고 생각하지 않는다. 최고의 식도락을 즐길 기회가 생겼을 때 즐긴다고 해서 문제될 것은 없다. 끼

니마다 그렇게 먹기를 기대하지만 않는다면 말이다. 미식이 배고픔을 달래는 데 필수적인 건 아니지만, 다양한 식단이 우리의 입맛을 돋우는 것은 사실이니까. 매끼에 미식을 기대하는 사람이 되지 않으려면, 그런 쾌락을 즐길수 있는 행운을 누릴 때마다 적절한 감사를 표해야 한다고 에피쿠로스는 말한다. 탐식할 기회가 있더라도 그러지 않는 것 또한 적절히 감사를 표하는 방법 중 하나다. 그렇다면 사실상 어느 정도의 금욕주의는 필요한 셈이다. 항상 모든 쾌락을 거부해야 한다는 뜻이 아니다. 불필요한 쾌락을 즐기는 동안에도 자신의 행운에 적절히 감사할 수있을 정도로는 탐닉을 절제하는 게 좋다는 이야기다. 문제는 쾌락이 아니라 쾌락을 당연하게 받아들이는 태도다. 에피쿠로스 자신도 친구에게 보낸 편지에 대부분의 경우빵과 물이면 충분하지만 가끔은 별미로 치즈 한 덩어리를즐긴다고 적지 않았던가.

또한 에피쿠로스는 우리가 욕망에 대해 이런 태도를 취함으로써 좀더 관대한 사람이 될 수 있다고 생각했다. 그에 따르면 현명한 사람은 자신의 욕망을 필수 불가결한 것들에 맞추어 조절함으로써 "소유하기보다 나누는 법을 깊이 이해하게 되며, 크나큰 자족의 곳간을 발견하게 된다". 사는 데 그리 많은 것이 필요하지 않다는 사실을 알게 된다면 꼭 필요한 것 이상을 가졌을 때 기꺼이 주위 사람들과 나눌 터이며, 그 과정에서 서로의 우정이 돈독해지리라는 이야기다.

사는 데 그리 많은 것이 필요하지 않다는 인식은 자유와 자립심도 다져준다. 그런 인식을 갖게 된 사람은 어느 누구에게도 신세를 지지 않을 것이기 때문이다. 이에 대해 에피쿠로스는 다음과 같이 적었다.

자유로운 사람은 많은 것을 소유할 수 없다. 군중이나 폭군의 하수인이 되지 않고서는 소유물을 늘리기가 어렵기 때문이다. 그럼에도 자유로운 사람은 항상 모든 것에 부족함을 모르며, 어쩌다 많은 재산을 손에 넣는다 해도 이웃의 호의를 얻기 위해 기꺼이 그 일부를 나눠주

려 할 것이다.

따라서 단순한 삶을 통한 자족감이야말로 우리의 자유를 지켜준다고 할 수 있다. 앞에서 살펴보았듯이 호라티우스는 재산을 갖게 되면 그걸 잃을까봐 불안해하며 공포 속에 살게 된다고 성찰했다. 육체적 고통을 피한다는 명목하에 축적한 부가 그 대신 정신적 고통을 초래하고마는 것이다. 게다가 이미 언급했듯이 에피쿠로스는 정신적 고통이야말로 훨씬 해로운 고통이라고 강력히 주장했다. 이런 불안에 사로잡히거나 공허한 욕망의 노예가 되지 않으려면, 우리에게 정말로 필요한 것은 사실 아주 적으며 대체로 어렵지 않게 구할 수 있다는 사실을 깨달아야 한다.

4장

우정의
즐거움

육체적 욕구를 충족하는 것이 인생의 전부가 아니라는 점은 거의 모든 사람들이 아는 사실이다. 많은 사람들이 가장 중요시하는 것은 친구, 가족, 동반자 같은 다른 사람과의 관계다. 우리가 생각하는 행복한 삶의 이미지는 흔히 타인을 중심으로 구성된다.

에피쿠로스는 처음부터 자신의 철학을 다른 사람들과 함께 실천에 옮겼다. 공동생활 실험을 위해 아테네에 친구들과 함께 '정원' 공동체를 설립한 것이다. 그중 상당수는 람프사코스와 미틸레네에서부터 그를 따라온 친구들이었으며, 그의 세 형제 또한 공동체에 참여했다. 에피쿠로스는 행복한 삶을 누리는 데 많은 것이 필요하진 않다고 주장했지만, 타인의 존재와 역할은 인생에서 매우 중요하다고 생각했던 것으로 보인다. 실제로 그는 깨어지기 쉬운 우정의 속성뿐만 아니라 사람들이 우정을 그토록 중시하는 이유에 관한 흥미로운 이론을 남기기도 했다.

우선 친구란 무엇인지, 친구가 평범한 지인이나 이방인과 구분되는 지점은 무엇인지 생각해보자. 에피쿠로스에 따르면 진정한 친구의 본질적 특성은 어려울 때 의지가 된다는 것이다. 거꾸로 우리가 누군가의 진정한 친구라면 그 사람도 우리에게 의지할 수 있어야 한다. 친구 사이란 일시적인 지인에게는 하지 않을 수고를 무릅쓰며 상대를 보살펴주는 관계인 것이다.

그러니까 친구란 도움이 필요할 때 의지할 수 있는 사람이다. 우리는 친구에게 너무 자주 의지할 필요가 없기를 바라지만 적어도 필요할 경우엔 친구가 곁에 있다는 걸 안다. 에피쿠로스는 이런 믿음이 실제로 도움을 받는 것만큼, 어쩌면 그것보다 더 중요하다고 생각했다. 우리가 정말로 친구에게 도움을 청하는 일은 드물거나 아예 없을 수도 있지만, 위기에 처했을 때 의지할 사람이 있다는 **인식**이 중요한 것이다. 에피쿠로스가 말했듯, 사실 관건은 직접적인 도움보다 필요할 때 언제든 도움을 받을 수 있다는 믿음이니까. 에피쿠로스는 친구가 언제든 우리를 도와주리라 믿을 수 있다면 미래에 대한 불안은 현저히 줄어들 거라고 생각했다.

그렇지만 친구를 **오로지** 자신의 지원망 정도로 여기는 사람은 진정한 친구라고 할 수 없으리라. 일단 도움은 쌍방향이어야 하며, 친구에게 도와달라는 요청을 받은 즉시 도우러 나설 수 있어야 한다. 우리도 도움이 가장 절실한 순간에 도와주는 친구가 있기를 바랄 테니까. 여기서 문제가 되는 것은 균형이다. 끊임없이 도움을 요청하거나 기대한다면 합리적으로 친구에게 바랄 수 있는 선을 넘어섰다고 여겨질 수 있다. 그런 식의 과도한 요구는 일방적인 관계로 이어지기 쉽다. 반대로 결코 도움을 요청하지 않고 받아들이지도 않는다면 이 또한 냉정하게 느껴질 수 있다. 우리가 매번 친구의 도움을 거부한다면 친구가 위기에 처했을 때 우리에게 도와달라고 요청하기 곤란하지 않겠는가. 그러니 친구 사이에는 꾸준히 도움을 주고받을 필요가 있다. 물론 어느 정도 도움을 줄지는 경우에 따라 다를 것이며, 쌍방이 상대에게 주는 만큼 받고 있다고 느끼면 된다. 물질적·도의적 원조가 끊임없이 오고가야 유지되는 우정도 있지만, 좀더 느슨하게 지속되는 우정도 있다. 어쨌든 에피쿠로스에 따르면 참된 친구 사이에는 불운한 상황에 처해도 상대에게 의지할 수 있다는 무언의 확신이 항상 있어야 한다. 에피쿠로스는 최고의 우정이란 단순한 상호 원조 관계에 그치지 않되 상호 원조의 중요성을 간과하지 않는 것이라고 언급했다. 우정이 상호 원조에 국한된다면 상업적 거래와 다를 바 없지만, 그 중요성을 간과한다면 미래에 대한 안정감이 사라진다는 것이다.

이런 점을 고려하면 우정이 깨어지기 쉬운 이유를 이

해할 수 있다. 우정이란 대체로 여러 가지 무언의 가정에 기반을 둔 미묘한 균형이다. 우리는 보통 친구에게 혹시라도 위기에 처하면 도와주겠다고 굳이 말하지 않으며, 거꾸로 내가 위기에 처하면 도와주겠다는 약속을 해달라 요구하는 일은 더욱 드물다. 그런 약속은 무언중에 이루어진다. 진정한 친구끼리는 서로를 몇 번씩 도와주었는지 계산하지 않지만(그런다면 정말로 상업적 거래와 다를 바 없으리라) 만약 한쪽만 계속 도움을 받는다면 그 관계는 균형이 무너져 오래가지 못할 것이다. 물론 이런 원칙이 칼같이 적용되지 않는 예외적인 경우도 있겠지만, 에피쿠로스의 우정론은 전반적으로 친구 관계의 핵심을 포착하고 있는 듯하다. 우정이란 서로 배려와 도움을 주고받되 단지 호의의 교환에 그치지 않도록 조심하는 관계인 것이다.

친구 사이에는 물질적 원조 외에도 소위 도의적 원조가 이루어지는데, 이는 보통 연민과 인내라는 형태를 띤다. 호라티우스는 친구의 역할에 관해 성찰하면서 친구끼리는 서로의 결점을 언급할 때 한층 관대해지는 경향이 있다고 말했다. 구두쇠 친구는 '돈 쓰는 데 신중한' 친구로, 뽐내길 좋아하는 친구는 '재미난' 친구로 묘사되는 것이다. 우리는 친구의 약점과 실수를 너그러이 봐주면서 상대도 우리에게 그렇게 해주길 기대한다. "다정한 내 친구들은 내가 어쩌다 바보 같은 실수를 해도 용서해줄 것이다." 호라티우스는 이렇게 말한 뒤 다음과 같이 덧붙였다. "그리고 나 또한 기꺼이 그들의 결점을 눈감아주리라."

에피쿠로스는 왜 우정을 그토록 중요시했을까? 내가 생각하기에는 두 가지 이유 때문이다. 첫째로, 어려울 때 의지할 사람이 있다는 믿음은 (실제로는 그럴 일이 없다 해도) 미래에 대한 불안을 줄여줄 수 있다. 미래에 대한 불안에서 벗어나는 것은 에피쿠로스 철학의 목표, 즉 정신적 평정 상태에 도달하는 것과 직결된다. 둘째 이유를 규명하려면 우선 정치에 관한 에피쿠로스의 한층 광범위한 이론을 살펴볼 필요가 있다.

에피쿠로스는 기존의 정치 형태를 불신했다. 아테네 정

계에 관여하지 않았으며, 자신의 추종자들에게도 가급적 그 바닥에 뛰어들지 말고 "무명으로 살아가라"고 조언했다. 또한 정치공동체의 기반을 이룬다고 알려진 원칙에 대해서도 회의적이었다. 그런 원칙은 대체로 현대인이 말하는 '사회계약론'의 일종이거나 적어도 그와 비슷한 맥락에 있었다. 다시 말해 사람들이 정치공동체가 만든 사법제도의 보호를 받기 위해 자의로 그 제도에 복종한다는 것이다. 거의 이천 년 뒤에 토머스 홉스가 말했듯이 자연 상태는 '만인에 대한 만인의 투쟁'이기에, 사람들은 모여서 공동체를 만들고 서로의 안전을 위해 자신의 자유를 어느 정도 포기하게 된다. 에피쿠로스에 따르면 바로 이것이 사법제도의 기원이다. 남을 해치지 않는 대신 자기도 해치지 말라고 인간들이 서로 맺은 계약의 결과물인 것이다. 이런 사법제도에 따라 운영되는 정치공동체는 궁극적으로 의심과 공포에 기반을 둔다. 상대의 동기에 대한 의심, 그리고 사법제도가 상대의 행동을 제대로 규제하지 못할지도 모른다는 공포. 일단 이런 제도가 마련되고 나면 사람들은 공동체의 규칙을 따르도록 요구받는데, 이 역시 규칙을 어겼다간 붙잡혀서 처벌받을 것이라는 공포에 기반을 둔다. 이는 결코 건전한 공동체의 토대라고 할 수 없다는 것이 에피쿠로스의 생각이다. 반면 에피쿠로스가 말하는 우정에 기반을 둔 공동체는 상호 배려와 원조를 전제로 하며, 공적 규칙과 규제가 아니라 도움을 받을 수 있다는 무언의 확신하에 유지될 것이다. 바로이것이 에피쿠로스가 우정을 중시한 둘째 이유다. 우정은이상적인 공동체의 전혀 다르고 훨씬 긍정적인 모델을 제시하며, 추측건대 에피쿠로스의 정원 공동체도 이 모델을지향했을 것이다.

정원 공동체가 어떤 곳이었는지 명확히 알기는 어렵다. 그곳이 여성과 남성을 모두 환영했다는 것은 확실한데, 이는 정원 담벼락 안에서 무슨 일이 벌어지는지 전혀 몰랐던 아테네 사람들 사이에서 온갖 입소문의 근원이 되었다. 또한 그곳의 구성원들은 공동생활을 하되 대체로 사유재산을 유지했던 것으로 보인다. 에피쿠로스 역시 아테네 성벽 안에 집을 소유하고 있었으며 아마도 거기서 지냈던 듯하다. 그의 우정론은 개인이 어느 정도의 사유재산을 유지하는 것을 전제로 하고 있다. 물론 친구끼리는 사유재산과 무관하게 다양한 방법으로 서로를 도울 수 있지만, 에피쿠로스가 생각한 우정에는 경제적 원조도 포함되었던 것 같다. 어쨌든 우리가 극도로 궁핍해질까봐 불안해하지 않으려면 위기에 처했을 때 도와줄 만한 재산이 친구에게 있어야 하지 않겠는가? 하여튼 관건은 우정이 우리의 물질적·정신적 행복에 중대한 역할을 할 수 있다는 것이다.

지금까지는 우정에 따르는 실용적·물질적 혜택을 주로 살펴보았다. 하지만 친구 관계에서 얻을 수 있는 중요하며 훨씬 직접적인 또다른 혜택이 있다. 바로 함께 있으면 즐거운 사람과 시간을 보낸다는 단순한 기쁨이다. 우리 모두가 알듯이 친구와 함께하는 기쁨은 다양한 형태로 이루어진다. 저녁 식탁에서의 열띤 대화부터 묵묵히 텔레비전을 시청하는 것까지, 낭만적인 둘만의 데이트부터 축

제나 스포츠 경기에서 만난 마음 맞는 친구들의 모임까지 말이다. 이런 정신적 쾌락은 그 자체로 소중하며, 어설픈 육체적 향락보다 훨씬 만족스러운 경우가 많다. 게다가 돈을 지불할 필요도 없다. 친구들을 통해 값을 치르지 않고도 인생 최고의 즐거움을 누릴 수 있다는 사실을 아는 것은 우리의 자족감과 자유로움을 한층 북돋워준다. 우정에 따르는 이 같은 혜택에 도취한 나머지, 에피쿠로스는 평소의 냉철함에서 벗어나 열광적인 어조로 이렇게 적기까지 했다. "우정은 온 세상을 에워싸고 춤추며 우리 모두가 그 축복을 깨닫도록 일깨운다." 우리의 행복에 기여하는 모든 요소 가운데 우정이야말로 가장 중요하다는 것이 에피쿠로스의 주장이다.

자연을
탐구해야
하는 이유

철학이 무엇보다도 정신건강의 문제라면, 에피쿠로스는 어째서 자연 탐구를 그토록 중요시한 걸까? 에피쿠로스는 단순히 자연계의 이론적 탐구에 손을 댄 정도가 아니라 그 분야를 다룬 상세한 저술을 남겼다. 그의 대표작 『자연에 관하여』는 전 37권에 달하는 대작이었다. 이 작품은 완전히 소실된 상태였지만, 18세기 중반 무렵 베수비오산 근처에서 놀라운 발견이 이루어진다. 79년의 유명한 화산 폭발로 파묻혔던 폼페이와 헤르쿨라네움이 발굴된 것이다. 땅굴을 파서 헤르쿨라네움을 발굴하는 과정에서 대저택의 잔해가 나왔는데, 그곳의 온갖 보물 중에 방대한 분량의 파피루스 두루마리가 있었다. 현재 '파피루스 저택'으로 알려진 그곳은 율리우스 카이사르의 장인 루키우스 칼푸르니우스 피소의 집이었던 것으로 추정된다.

석탄 덩어리와 구분되지 않을 만큼 까맣게 그을린 그 파피루스 두루마리 중에 소실된 고대의 걸작이 있을지도 모른다는 기대가 컸지만, 실망스럽게도 해독 가능한 두루마리의 상당수는 에피쿠로스 철학 해설서인 것으로 밝혀졌다. 그렇다 해도 이 발견의 중요성을 간과할 수는 없다. 초창기 연구자들이 해독한 두루마리 중에는 그때까지 소실된 상태였던 에피쿠로스의 『자연에 관하여』 일부와 필로데모스라는 에피쿠로스 철학자의 전全 작품이 있었다.

필로데모스는 현재 요르단 영토인 갈릴리호 근처의 가다라에서 기원전 110년경에 태어났다. 그는 가다라에서 유년기를 보낸 뒤 유학 목적으로 고향을 떠난 것으로 보인다. 알렉산드리아를 거쳐 아테네로 간 필로데모스는 당시 에피쿠로스의 정원 공동체 수장이었던 시돈의 제노로부터 가르침을 받았다. 그러다 알 수 없는 이유로 아테네를 떠나(이후 정원 공동체의 몰락을 불러온 로마의 아테네 포위 무렵이었던 듯하다) 이탈리아로 갔고, 로마에 잠시 머물다가 나폴리만 근처에 정착한 듯하다. 필로데모스는 아테네에서 에피쿠로스 철학서들을 가져왔을 것이고 파피루스 저택에서 발견된 『자연에 관하여』 두루마리 중 하나는 원래 그의 스승 제노가 소장했던 것으로 추측된다. 필로데모스는 이탈리아 해안 지역에서 여생을 보낸 듯하다. 그는 수백 년 넘게 짧은 경구 작가로만 기억되어왔으나, 헤르쿨라네움에서 발견된 두루마리들을 통해 주요 에피쿠로스 철학자로서 이름을 남기게 되었다.

그을린 파피루스 두루마리에서 에피쿠로스 철학서를 복원하는 작업은 중노동이라고 말해도 과언이 아니었다. 최초의 발굴자들은 그것이 두루마리인 줄도 몰랐으니, 얼마나 많은 저작들이 그냥 내버려졌을지는 이제 알 길이 없다. 보존된 두루마리들도 상태가 무척 나빠 손만 대도 바로 부스러질 정도였다. 두루마리를 펼쳐보려던 초반의 시도는 하나같이 실패하고 말았다. 나폴리 왕*이 바티칸 도서관에 도움을 요청하자 감독관으로 안토니오 피아조를 파견하면서 작업이 진척되기 시작했다. 첫번째로 복원된 저술은 1793년에 출간되었다. 영국의 섭정 왕 조지 4세가 파견한 성직자 존 헤이터는 이백여 개의 두루마리를 펼치는 데 성공했고, 그을린 파피루스들이 부서져버리기 전에 해독 가능한 부분을 필사해놓았다. 헤이터는 필사본 일부를 영국으로 보냈는데, 그가 잠시나마 들여다볼 수 있었던 고대의 저술에서 지금까지 살아남은 자료는 이것이 전부다. 그중 옥스퍼드대학교 도서관에 19세기의 흐릿한 연필 필사본으로 보관된 글이 있으니, 필로데모스가 에피쿠로스 철학의 정수를 요약 정리한 것이다. 「테트라파르마코스Tetrapharmakos」, 즉 '네 가지 처방'이라는 제목으로 알려진 이 글은 다음과 같다.

---

* 헤르쿨라네움은 18세기에 나폴리왕국의 영토였다.

신을 두려워 마라.

죽음을 염려하지 마라.

좋은 것은 구하기 어렵지 않으며,

끔찍한 일은 견디기 어렵지 않다.

이 네 줄의 글이야말로 신과 죽음, 쾌락과 고통에 관한 에피쿠로스 철학의 핵심을 포착하고 있으며, 에피쿠로스의 『중요한 가르침』 1번에서 4번까지를 압축해서 보여준다. 후반 두 줄의 내용에 관해서는 이미 살펴본 바 있지만, 전반의 두 줄은 어떤가? "신을 두려워 마라./죽음을 염려하지 마라." 에피쿠로스 철학에서 신에 대한 두려움과 죽음에 관한 걱정은 가장 많은 사람들을 괴롭히며 가장 시급히 치유해야 할 두 가지 불안이다. 다음 장에서 죽음에 대한 에피쿠로스의 성찰을 살펴볼 테지만, 일단은 신에 대한 두려움에 집중해보자.

이런 두려움에 대해 에피쿠로스가 제시한 해결책은 다소 놀랍게도 기상학 연구로 시작된다. 에피쿠로스는 친구

피토클레스에게 보낸 편지 한 통을 온전히 기상학에 할애했다. 그가 기상학을 특별히 중요한 주제로 여겼던 건 분명한데, 기상학이 말 그대로 삶의 행복을 증진하는 데 도움이 된다고 믿었기 때문이다. 평정에 이르기 위해 그런 연구가 필요하다고 에피쿠로스는 썼다. 평정에 이르고 싶다면 만물의 진정한 원리를 알아야 하며 단순한 가정이나 편견에 빠져서는 안 된다는 것이다.

세상 만물은 무한한 공허 속에 존재하는 원자로 이루어졌다고 에피쿠로스는 주장했다. 원자들은 무작위로 충돌하며 한데 뭉쳐 더욱 큰 집합을 형성하는데, 지구를 비롯한 천체는 이런 과정에서 형성되었다. 우리가 만물의 형성 과정을 더욱 깊이 이해할수록 상상 속 미지의 신들에게 그 공을 돌릴 가능성은 줄어들 것이다. 인간은 이미 관찰을 통해 이런 관점에 증거가 될 만한 정보를 충분히 축적했다고 에피쿠로스는 주장했다. 우리는 이런 관점을 받아들여야 한다. "이처럼 명백한 감각적 증거를 거부하는 사람은 결코 진정한 평정에 도달하지 못할 것이기" 때문이다. 엄밀히 말하면 에피쿠로스는 원자의 존재에 대한 직접적·감각적 증거가 없다는 점을 인정해야 했겠지만, 그는 원자론이야말로 우리가 감각을 통해 체험하는 현상에 대한 최선의 설명이니 받아들일 수밖에 없다고 주장했으리라.

천체의 형성에 관해 숙고한 뒤 에피쿠로스는 천둥과 번개, 비바람과 눈보라 등 현재 우리가 기상학이라고 부르는 분야로 화제를 돌린다. 그는 천둥이 구름 속을 흘러가는 바람에서 생겨난다고 생각했지만 그 밖에도 다양한 설명이 가능하다고 여겼다. 번개는 원자들이 구름 속에서 서로 부대끼는 동안 불이 붙어서, 아니면 구름의 일부가 단단히 압축되면서 생겨나는 것이라고 보았다. 에피쿠로스는 자기도 확신할 수는 없으며 여전히 모르는 것이 많다고 솔직히 말했다. 오늘날의 훌륭한 과학자들도 그러듯이, 그는 단지 자신이 관찰한 바와 그럴듯하게 맞아떨어지는 전제를 제시할 뿐이다. 예를 들어 번개가 천둥보다 먼저 나타나는 것은 속도가 더 빠르기 때문이 아닐까라는 식이다. 실제로 빛은 소리보다 속도가 더 빠르다. 에피쿠로스는 뭔가를 설명하려고 시도할 때 다른 맥락에서 이미 잘 알려진 과정을 참조하기도 한다. 특정한 조건에서 나뭇가지 두 개를 문지르면 불이 붙는 것처럼, 불과 비슷한 번개도 구름 속에서 일어나는 마찰의 결과일 수 있다는 식이다. 에피쿠로스는 번개의 원리를 확신하지는 못했지만, 이런 식의 설명을 통해 진실을 발견할 수 있다고 굳게 믿었다. 번개는 제우스가 쏘는 것이라거나 신이 노했음을 뜻하는 징조라는 식의 주장보다 에피쿠로스의 설명이 훨씬 그럴듯하다는 점은 분명하다. 에피쿠로스가 말했듯, "물론 번개의 원리가 나의 설명과는 다를 수도 있다. 나는 단지 미신을 끝장내고 싶을 뿐이다!"

우리는 이 같은 자연현상을 연구함으로써 왜 그런 일이 일어나는지에 대한 허황된 설명을 피해 갈 수 있다. 에피쿠로스는 친구에게 보낸 편지에서 자연 탐구의 목적을 명확히 제시한다.

이런 다양한 지점들을 명심한다면, 피토클레스 자네도 대부분의 종교적 미신에 빠지지 않고 이와 관련된 문제들을 더 잘 이해할 수 있을 걸세.

이 같은 내용만 보면 에피쿠로스는 지극히 불경한 인물이었던 것처럼 보인다. 에피쿠로스주의자들은 수백 년 동안 무신론자라고 비난받아왔으며, 에피쿠로스주의에 끌리는 많은 현대인은 그것이 무신론적 사상이기 때문에 매력적이라고 말한다. 하지만 에피쿠로스는 신의 존재를 부인하지 않았다. 그가 부인한 것은 신들이 우주의 일상적 운영에 적극적으로 참여한다는 생각이었다. 에피쿠로스의 주장에 따르면 신적 존재의 핵심적 특성 중 하나는 행복인데, 이것은 무언가를 책임지고 운영하는 스트레스나 부담과는 도저히 양립 불가능하다. 더구나 우주 전체를 책임져야 한다면 어떻게 행복할 수 있겠는가. 마찬가지로 행복은 신들이 앙심 많고 다투기 좋아한다는 그리스인의 기존 관념과도 조화를 이루지 못한다.

그렇다면 에피쿠로스가 생각한 신들은 어떤 존재였을까? 그들은 행복하며 영원불멸하다. "신들은 분명 존재하지만 많은 사람들이 생각하는 것과는 전혀 다르다." 에피쿠로스는 이렇게 적고 나서 사람들이 자신의 견해에 퍼부을 비난을 방지하려는 듯 덧붙였다.

불경한 사람이란 대중이 생각하는 신들의 모습을 파괴하는 자가 아니라, 대중의 관념을 신들에게 부과하려는 자다.

대중의 이러한 관념은 궁극적으로 신들이 평범한 인간과 비슷한 본성을 가졌으되 훨씬 강력할 뿐이라는 가정에서 온다. 따라서 신들은 선행에 보답하고 악행을 처벌하며, 화를 내고 속임수에 가담하고 가족끼리 싸우기도 한다. 하지만 에피쿠로스는 그런 생각이 완전히 틀렸다고 주장했다. 그런 행동은 그가 신적 존재의 필수적 특성이라고 여긴 차분한 평정 상태와 맞지 않기 때문이다.

에피쿠로스가 말한 신들은 어떤 존재이며 어디에 살았을까? 만물이 원자로 이루어졌다는 에피쿠로스의 설명을 따르면, 신들 역시 세상 만물과 똑같은 질료로 이루어진 물질적 존재가 된다. 루크레티우스는 신들이 '연약한 속성'을 지녔으며 '좀처럼 눈에 보이지 않는다'고 서술했다. 신들의 보금자리는 우리 세계의 경계 너머에 있으며, 그곳에서 신들은 우리와 완전히 단절되어 지낸다. 신들이 세상을 창조한 것에 감사할 필요는 없다. 세상은 신들이 만든 게 아니니까. 지구가 인간을 위해 창조되지 않았다는 것은 지리학을 조금만 공부해도 알 수 있는 사실이라고 루크레티우스는 주장했다. "육지의 3분의 2 정도는 지독한 더위와 끊임없이 내리는 서리로 인해 인류에게 쓸모가 없으니 말이다."

다시 말해 신들은 존재하지만, 우리가 닿을 수 없는 그들만의 부서지기 쉬운 세계에서 살아간다. 그들은 우리가 사는 이 세계를 창조하지 않았으며 이곳에 관심도 없다. 그저 자기네 세계의 복된 평정 상태에서 살아갈 뿐이다.

호라티우스는 신에 대한 에피쿠로스의 관점을 이렇게 정리했다.

내가 알기로 신들은 평온한 삶을 살아간다. 설사 자연이 기적을 일으킨다 해도 그 이유가 하늘 높은 곳에서 신이 분노했기 때문은 아니다.

이 모든 이야기가 다소 허황되게 들릴지도 모른다. 더구나 물질세계를 자연주의적으로 설명해야 한다고 주장한 사람의 이야기이니 말이다. 이런 이야기에 무슨 증거가 있단 말인가? 에피쿠로스에게 신적 존재를 규명할 직접적 증거가 없었던 것은 분명하다. 하지만 그의 물리학 원칙에 따르면 신들이 분명 어딘가에 존재한다고 믿을 수밖에 없었다. 우주는 무한하기에(다시 말해 무수한 원자가 존재하는 무한한 공허이기에) 가능한 모든 종류의 원자 결합이 우주 어딘가에는 존재할 터다. 우주에는 무수히 많은 은하계와 태양계와 행성이 존재할 것이며, 그 각각은

조금씩 다른 우연한 원자 결합의 결과물일 것이다. 그중 하나에 에피쿠로스가 생각한 신들이 존재하리라.

우리가 신에 대한 에피쿠로스의 이론을 어떻게 생각하든 간에, 평정한 삶이야말로 궁극적 목표라는 그의 원칙에는 변함이 없다. 그의 신들은 인간사에 관심이 없으며, 따라서 우리는 현생 또는 그 어느 생에서도 신의 처벌을 두려워할 필요가 없다. 다만 신들은 우리가 열망하는 평정의 이상적 이미지를 제시한다. 에피쿠로스의 우주에 존재하는 최고의 생명체들은 평화롭고 근심 없는 삶을 즐기며, 우리 또한 그렇게 살 수 있다.

오늘날 제우스의 앙심 어린 천둥을 두려워하는 사람은 드물다. 이 사실에서 우리가 얻을 수 있는 교훈은 무엇일까? 여기서 핵심 사상은 우리의 공포와 염려 대부분이 만물의 원리에 대한 피상적이고 혼란스러운 지식에서 온다는 것이다. 자연을 탐구함으로써 우리는 자연현상이 평범한 물리적 과정의 결과일 뿐이며 저절로 해결되게 마련이라는 점을 이해할 수 있다. 비극이나 재앙, 징벌 따위는 없다. 두려워할 필요 없는 공평무사하고 부단한 물질의 작용만이 존재할 뿐이다. 단 하나 진정으로 나쁜 것은 고통뿐인데, 이에 대해 에피쿠로스는 또다른 처방을 제시한다.

6장

———————————————————— 죽음을
두려워
마라

우리는 누구나 언젠가 죽는다는 것을 안다. 정확히 언제 어떻게 죽을지 모를 뿐이다. 우리가 죽는다는 것은 어느 모로 보나 가장 중요한 단 하나의 진실이다. 죽음은 우리를 유한한 존재로 정의한다. 우리에게 남은 시간을 제한하여 우리의 계획과 과업에 절박함을 부여한다. 언제 죽을지 모른다는 사실은 불안감을 일으키기도 한다. 게다가 죽고 나면 과연 어떻게 될까 하는 문제도 있다(죽은 뒤에 무슨 일이 일어난다면).

필로데모스의 네 가지 처방에 따르면 우리는 죽음을 염

려해선 안 된다. 심지어 에피쿠로스는 더 직설적으로 이렇게 말하기까지 했다. "죽음은 아무것도 아니다." 이는 에피쿠로스 철학의 핵심 주제가 되었는데, 이처럼 중요하게 다뤄야 할 만큼 고대인이 죽음을 무척 두려워했음을 짐작할 수 있다. 에피쿠로스는 「메노이케우스에게 보내는 편지」에서 죽음에 관해 논했고, 루크레티우스는 그의 뛰어난 시에서 죽음을 더욱 길게 다루었으며, 필로데모스는 이 주제로 전 4권에 이르는 논문까지 썼다.

일단 에피쿠로스에서 시작해보자. 앞에서 살펴보았듯 그의 핵심 사상은 쾌락이란 무조건 좋은 것이며 고통은 무조건 나쁘다는 것이다. 쾌락과 고통 모두 감각을 통해 이루어지는 체험이다. 하지만 죽음은 어떤가? 죽음은 감각의 부재다. 당연한 얘기지만 죽은 사람은 아무것도 체험할 수 없다. 죽음이 감각의 부재라면 쾌락도 고통도 아니며, 따라서 좋지도 나쁘지도 않은 셈이다. 죽음이 좋지도 나쁘지도 않은 모든 감각의 부재일 뿐이라면 그것을 두려워할 필요가 전혀 없지 않은가.

문제는 우리가 스스로의 비非존재 상태를 인식할 수 없다는 점이다. 사실 이런 표현도 어색하다. 우리가 더이상 존재하지 않는다면 '우리의' 비존재라고 말할 수도 없을 테니까. 우리는 결코 죽어 **있을** 수 없다. 죽은 뒤엔 우리가 **있지** 않을 테니 말이다. "내가 죽으면 어떻게 될까?"라고 묻는 사람은 죽고 나면 '나'도 없다는 사실을 이해하지 못한 셈이다. 그렇다. 죽으면 모든 것이 끝난다. 만약 사후세계라는 것이 존재한다면, 이는 우리가 죽음이라고 부르는 것이 실제로는 죽음이 아니라 의식을 지닌 우리의 현존재가 다른 것으로 변형되는 순간임을 의미할 뿐이다. 하지만 에피쿠로스는 이런 생각에 시간을 낭비하지 않았다. 그는 우리가 물리적 원자로 이루어진 구체적인 인간존재이며, 우리의 육체가 죽고 육체를 이루는 원자가 흩어지면 그걸로 끝이라고 믿었다. 그렇게 되면 무언가를 체험할 '나'라는 것은 없으며, 아무것도 체험할 수 없다면 고통도 쾌락도 느끼지 못할 테니 좋거나 나쁜 것도 없을 것이다. 하지만 여기서 우리는 또다시 언어의 어색함에 부딪

힌다. 체험의 주체가 존재하지 않는데 '아무것도 체험하지 못한다'고 말하는 것이 과연 타당한가?

에피쿠로스가 말하고자 하는 요점은 우리가 이 점을 이해하는 즉시 한층 행복해질 수 있다는 것이다. 그는 이렇게 적었다.

살아 있지 않으면 두려워할 것이 없다는 사실을 제대로 이해하고 나면 살면서 두려울 것은 없다.

에피쿠로스의 사고는 이렇게 이어진다. 우리가 살면서 진정으로 두려워하는 것은 무엇인가? 아마도 배고픔, 가난, 질병, 폭행 등이리라. 다시 말해 우리에게 해로우며 극단적인 경우 목숨을 빼앗아갈 수도 있다고 여겨지는 일들 말이다. 이것은 어찌 보면 육체적 고통에 대한 지극히 자연스러운 두려움이지만 궁극적으로 죽음에 대한 두려움이기도 하다. 하지만 앞서 말한 이유들 때문에 죽음을 두려워할 필요가 전혀 없다면 이런 일들을 두려워할 필요도 없어지리라. 살면서 겪을 수 있는 최악의 사태가 무엇인가? 죽는 것이다. 하지만 더이상 죽음을 두려워할 필요가 없어진다면 이런 일들이 우리를 괴롭히지도 못할 것이다. 적어도 현재 우리를 괴롭히는 만큼은.

이쯤 되면 회의론자는 이렇게 반박할지도 모른다. 우리가 배고픔, 질병, 폭행, 나아가 죽음 자체를 두려워하는 것은 대체로 그에 따르는 고통 때문이라고. 설사 죽음이 비존재 상태일 뿐이며 전혀 염려할 일이 아니라 해도, 죽음의 과정에 수반되기 마련인 고통은 지극히 염려스럽지 않겠느냐고. 물론 에피쿠로스도 이 사실을 인식했을 것이다. 세상에서 진정으로 나쁜 것은 고통뿐이라고 말한 사람이 아닌가. 그렇다면 그는 이런 염려에 대해 뭐라고 대답했을까?

내 생각에 에피쿠로스는 두 가지 대답을 제시했다. 첫째, 앞서 살펴보았듯이 육체적 고통은 대부분 약하거나 아니면 빨리 끝나거나 둘 중 하나다. 지속적이지만 약한 고통은 결코 바람직하진 않지만 견딜 만하며, 많은 사람들이 그런 고통을 큰 불평 없이 감수한다. 반면 격렬한 고통은 대체로 빨리 끝난다는 것이 에피쿠로스의 주장이다. 만약 고통이 격렬한데다 오래 지속되기까지 한다면 아마도 치명적인 문제 때문일 것이며, 따라서 생명이 다하면서 자연히 고통도 끝나게 될 것이다. 어느 쪽이든 우리가 겪는 고통은 동시에 느끼는 이런저런 즐거움으로 상쇄될 수 있다. 우리가 종종 그런 즐거움이 얼마나 많은지를 간과하긴 해도.

둘째는 육체적 고통이 나쁘긴 해도 정신적 고통보다는 훨씬 낫다는 것이다. 에피쿠로스에 따르면 죽음에 대한 공포는 실제로 불치병에 따르는 고통보다 훨씬 극심하다. 진통제의 혜택을 누리는 현대인의 입장에선 그럴 가능성이 더욱 크다. 이는 배고픔의 경우와 마찬가지다. 종교적 금식이나 다이어트를 하는 사람을 보면 알 수 있듯 우리는 일시적인 배고픔을 비교적 잘 견뎌낼 수 있다. 하지만 배고플 때 전혀 배를 채우지 못할지도 모른다는 두려움은 그보다 훨씬 더 물리치기 어렵다. 육체적 고통은 상대적으로 이겨내기 쉬우며, 정신적 고통이야말로 한층 감당하기 힘든 것이다.

루크레티우스 또한 죽음을 염려할 필요가 없다는 에피쿠로스의 주장을 반복했다. 그 역시 죽음에 대한 공포는 대체로 죽은 사람은 존재하지 않는다는 사실을 이해하지 못하는 데에서 온다고 강조했다. 우리가 고통을 느끼려면 일단 존재해야 하는데 죽음은 비존재 상태인 것이다.

존재하지 않는 사람은 고통을 느낄 수 없으며, 애초에 태어나지 않은 사람과 전혀 다를 바가 없다.

루크레티우스가 지적하는 또다른 점은, 사람들이 자기가 태어나기 전에는 존재하지 않았다는 사실을 완전히 간과한다는 것이다. 실제로 우리는 지구 역사(우주 전체는 말할 것도 없고)의 대부분 동안 존재하지 않았지만, 그 사실이 두려워서 한밤중에 잠 못 이루진 않는다. 그렇다면 우리의 비존재도 전혀 문제될 게 없지 않느냐고 루크레티우스는 말한다. 탄생 이전의 비존재가 문제되지 않는다면 어째서 죽음 이후의 비존재를 두려워한단 말인가?

우리가 죽은 뒤의 비존재를 더 두려워하는 이유 중 하나는 죽음이 현재의 삶과 함께 그에 따르는 모든 가능성을 앗아가기 때문일 것이다. 내가 태어나기 한 해 전에 살아 있지 못했다고 해서 딱히 아쉬울 것은 없다. 내가 한 해 먼저 태어났다면 지금의 나와는 전혀 다른 사람일 테니까. 하지만 죽음을 한 해만 미룰 수 있다면, 조금만 더 오래 살 수 있다면 수많은 일을 할 수 있지 않겠는가. 다시 말해 나는 죽음을 염려할 필요가 없다는 에피쿠로스의 주장을 받아들이면서도 여전히 내가 얼마나 오래 살지 깊이 염려할 수 있다. 어차피 내가 겪지 못할 미래의 추상적 비존재 상태야 알 바 아니지만, 그럼에도 삼사십 년 더 살지 못하고 바로 다음주에 죽게 될까봐 걱정할 수 있는 것이다. 내가 추가로 누릴 수도 있었을 즐거움 가득한 수십 년을 상상해보라.

고대의 에피쿠로스주의자들도 이런 걱정에 주목했다.

있다는 사실을 깨닫지 못하고 무의미한 걱정으로 삶을
낭비하고 있다.

보다시피 인류 문명의 기원과 발전에 관한 루크레티우
스의 설명은 실용적인 교훈과 연관되어 있다. 그의 작품
은 에피쿠로스주의의 여러 목적을 동시에 효과적으로 달
성한다. 세상에 관한 쓸데없는 초자연적 해설을 반박하
고, 현대 문명의 사치가 궁극적으로 어디서 유래했는지
조명하며, 그 과정에서 사치의 우연성을 강조한다. 그리
하여 인간에게 정말 필요해서 생겨난 것과 불필요한 겉치
레에 지나지 않는 것을 구분해서 보여준다. 혹시라도 독
자들이 잊을까봐 걱정했는지, 루크레티우스는 우주론과
인류학을 결합한 이 시가 본질적으로는 세상살이의 교훈
을 전하기 위한 것임을 꾸준히 상기시킨다.

진정한 철학을 길잡이 삼아 살아가는 사람은 소박한 생
활에서도 충만함을 발견할 것이며 평온한 마음으로 그

런 생활을 즐길 것이다.

이 구절은 에피쿠로스 철학의 핵심 사상인 '단순한 생활과 마음의 평화'를 새삼 떠올리게 한다. 이 같은 목표에 다다르려면 객관적이고 과학적인 관점에서 세상의 작동 원리를 이해할 필요가 있다는 것이 루크레티우스가 주는 교훈이다. 그런 이해를 통해서만 잘사는 데 정말로 필요한 것은 무엇인지, 허구한 날 마음을 괴롭히는 비이성적인 두려움에서 벗어나는 방법은 무엇인지 깨달을 수 있기 때문이다.

모든 사람이 그렇듯 에피쿠로스도 결국은 죽음에 직면해야 했다. 고대 문헌에 따르면 에피쿠로스는 임종을 앞두고 질병과 심한 통증에 시달렸다고 한다. 고통이야말로 진정 나쁜 것이라고 생각했던 사람에게는 분명 헤쳐 나가기 어려운 시련이었으리라. 그 자신의 이론에 따르면 사후세계의 위안이나 도덕적 우월감은 용납되지 않으며 오직 극심한 통증이라는 현실만 존재했을 테니까. 그럼에도 고대 문헌은 에피쿠로스가 육체적 고통뿐만 아니라 임박한 죽음에 대해서도 태연한 모습을 보였다고 전한다. 죽음 자체는 그에게 염려할 일이 아니었다는 점은 앞에서 살펴본 바 있지만, 죽어가는 고통은 또다른 문제다. 에피쿠로스는 어떻게 그 고통을 견뎠을까? 마침 우리에게는 에피쿠로스 본인의 기록이 남아 있다. 그는 친구이자 추종자였던 이도메네우스에게 보낸 짧은 편지에 이렇게 적었다.

아마도 내 삶의 마지막이 될 이 복된 날에 자네에게 편지를 쓰네. 끊임없는 배뇨통과 설사 때문에 어쩌나 힘든지 더 심한 고통을 상상하지 못할 정도야. 하지만 이런 고통에도 맞설 수 있는 건 자네와의 대화를 추억하며 느끼는 커다란 기쁨 덕분이라네.

과거에 좋은 친구와 함께 보낸 즐거운 시간의 행복한 추억만으로도 에피쿠로스는 마지막 순간까지 병마에 따른 육체적 불편을 이겨낼 수 있었다. 에피쿠로스 사후에 온갖 경의를 표한 것으로 보아 그가 말년을 어떻게 견뎌

냈는지 지켜본 친구들은 분명 큰 감동을 받았던 것 같다. 에피쿠로스의 생일이 공식 축일로 지정되고 그의 조각상이 세워졌다는 것은 초기 에피쿠로스주의자들이 스승의 가르침을 존경한 만큼 스승이라는 인간도 존경했음을 암시한다. 중세를 지나면서 에피쿠로스 철학은 거의 잊혔지만, 15세기에 이르러 두 가지 문헌이 재발견되었다. 디오게네스 라에르티오스가 기록한 에피쿠로스의 편지와 가르침, 그리고 루크레티우스의 『사물의 본성에 관하여』다. 암브로조 트라베르사리라는 수도사가 비잔티움에 있던 디오게네스 라에르티오스의 필사본을 이탈리아로 가져가 라틴어로 번역한 것이다. 이후로 계속 에피쿠로스 철학의 추종자들이 나타났는데, 에피쿠로스의 원자론에 입각한 과학혁명이 일어난 17세기에는 특히 그랬다. 에피쿠로스의 사상이 관능주의이자 무신론이라는 악명도 꾸준히 이어졌지만, 가톨릭 성직자였던 피에르 가상디는 에피쿠로스 철학을 옹호하며 당대 기독교도들이 그의 사상을 받아들일 수 있도록 원자론과 쾌락주의에 관련된 부분을 삭제하기도 했다. 에피쿠로스 추종자 중 예상 밖의 인물이 있다면 청년 시절의 카를 마르크스일 것이다. 에피쿠로스 철학을 주제로 쓴 대학 학위논문에서, 그는 에피쿠로스의 합리주의와 유물론뿐만 아니라 미신에 대한 반론을 높이 샀다.

무엇에도 구속받지 않고 세계를 정복하는 그 심장에 단 한 방울이라도 피가 남아 있는 한, 철학은 에피쿠로스의 목소리를 통해 적들에게 응답하기를 결코 멈추지 않을 것이다.

지금까지도 많은 사람들이 다양한 이유로 에피쿠로스 철학에 경도되고 있다. 그의 사상이 현대의 과학적 세계관에 잘 들어맞는다는 점이 특히 중요한 이유일 것이다. 하지만 우리가 에피쿠로스 철학에 얼마나 동의하든 혹은 반대하든 간에, 고대 아테네 변두리의 비밀스러운 정원에서 에피쿠로스 철학자들이 논했던 여러 주제들이 오늘날에도 여전히 유의미하다는 점만은 부정할 수 없으리라.

에피쿠로스의 편지 세 통과 금언 모음집인 『중요한 가르침』, 고
대에 서술된 에피쿠로스의 전기는 디오게네스 라에르티오스의 『유
명한 철학자들의 생애와 사상』(나남출판, 2021)에 수록되어 있다.
이 내용 대부분과 『바티칸 금언』 일부에 대한 G. K. Strodach의 영
어 번역은 *The Art of Happiness*(Penguin, 2012)에서 읽을 수 있
다. 언급할 가치가 있는 또다른 모음집은 Brad Inwood와 L. P.
Gerson이 편집한 *The Epicurus Reader*(Hackett, 1994)다.

 루크레티우스의 위대한 철학시 『사물의 본성에 관하여』는 여
러 차례 영어로 번역되었다. R. E. Latham이 산문체로 옮긴 이전
번역본(Penguin, 1951)과 최근에 A. E. Stallings가 압운 2행 연구
로 옮긴 번역본(Penguin, 2007)을 추천한다.* 르네상스 시대에 이

---

* 한국어 번역본은 2012년 아카넷에서 출간되었다.

작품이 재발견된 사연은 S.Greenblatt의 *The Swerve: How The Renaissance Began*(The Bodley Head, 2011)에 서술되어 있다.

필로데모스의 작품은 여러 편이 영어로 번역되어 있는데, 그중에 W. B. Henry가 옮긴 *On Death*(Society of Biblical Literature, 2009)를 추천한다. 헤르쿨라네움의 파피루스 저택에 관해서는 멋진 삽화가 곁들여진 D. Sider의 *The Library of the Villa dei Papiri at Herculaneum*(Getty Publications, 2005)을 읽어보라.

호라티우스의 『풍자시』는 『서간집』, 페르시우스의 『풍자시』와 함께 N. Rudd의 영어 번역으로 읽을 수 있다(Penguin, 1979). 호라티우스 시에 나타난 에피쿠로스적 주제에 관해서는 S. Yona의 *Epicurean Ethics in Horace*(Oxford University Press, 2018)를 읽어보라.

오이노안다의 디오게네스가 세운 벽의 명문에서 복원된 내용은 M. F. Smith의 *Diogenes of Oinoanda : The Epicurean Inscription*(Bibliopolis, 1993)에 번역 수록되어 있다.

에피쿠로스 철학을 더욱 깊이 이해하고 싶다면 T. O'Keefe의 *Epicureanism*(Acumen/University of California Press, 2010)과 C. Wilson의 *Epicureanism: A Very Short Introduction*(Oxford University Press, 2015)을 추천한다. 에피쿠로스 사상을 당대의 광범

위한 철학적 맥락에서 이해하고 싶다면 본인의 졸저인 *Hellenistic Philosophy*(Oxford University Press, 2018)를 추천한다.

에피쿠로스 철학의 치료적 면모는 M. Nussbaum의 *The Therapy of Desire: Theory and Practice in Hellenistic Ethics*(Princeton University Press, 1994)와 J. Warren이 편집한 *The Cambridge Companion to Epicureanism*(Cambridge University Press, 2009)에 실린 V. Tsouna의 소논문 'Epicurean Therapeutic Strategies'에서 논의된 바 있다. 현대인이 에피쿠로스 철학에서 무엇을 배울 수 있을지 논한 책으로는 C. Wilson의 *How to Be an Epicurean*(Basic Books, 2019)을 추천한다.

참고 자료

머리말

'에피쿠로스적 기질과 스토아적 기질을 절반씩 가진 사람들'에 대한 괴테의 언급은 *Characteristics of Goethe*(London, 1833), vol. 1, p. 99를 참고하라. 앨버트 엘리스는 로버트 하퍼와 공저한 『마음을 변화시키는 긍정의 심리학』(황금비늘, 2007)을 비롯해 여러 저서에서 에피쿠로스를 언급했다.

1장

'인간의 고통에 치료법을······'은 포르피리오스의 『마르첼라에게 보낸 편지Letter to To Marcella』(31)에서 인용했다. 에피쿠로스의 삶에 관한 상세한 내용은 디오게네스 라에르티오스의 『유명한 철학자들의 생애와 사상』에 실린 전기(10.1- 29)에서 인용했다. 대 플리니우스는 『박물지』(35.2.5.)에서 고대 로마 에피쿠로스주의자들의 관습을 언급했다. 오이노안다의 디오게네스가 남긴 두 명문은 모두 M. F. Smith의 *Diogenes of Oinoanda: The Epicurean Inscription*(Bibliopolis, 1993)에서 인용했다. '젊은 시절에 철학 공부를……'은 에피쿠로스의 「메노이케우스에게 보내는 편지」(122)에서 인용했다. 앨버트 엘리스는 Windy Dryden이 편집한 *Rational Emotive Behaviour Therapy: A Reader*(London: Sage, 1995, pp. 1-2)에서 에피쿠로스 철학, 스토아 철학, 불교를 한데 묶어 언급하고 있다. 멤미우스와 에피쿠로스 자택 유적에 관해서는 키케로의 『서한집』 중 멤미우스에게 보낸 편지(Fam. 13.1)를 참고하라. '이 같은 정신의 두려움과 어둠은……'은 루크레티우스의 『사물의 본성에 관하여』(1.146-8, 2.59-61, 3.91-3, 6.39-41)에서 여러 차례 반복된다. '사물의 이치를 깨달은 사람……'은 베르길리우스의 『농경시』(2.490-92)에서 인용했다.

2장

'에피쿠로스의 돼지들 중 하나로서……'는 호라티우스의 『서한집』(Ep. 1.4)에서 인용했다. 고대의 에피쿠로스 비판은 디오게네스 라에르티오스의 『유명한 철학자들의 생애와 사상』(10.6-7)에서 인용했다. '일단 결핍이 충족되어……'와 '쾌락 자체는 결코 나쁘지 않만……'은 각각 에피쿠로스의 『중요한 가르침』 18번과 8번에서 인용했다. '최고의 쾌락은 값비싼 향료가……'는 호라티우스의 『풍자시』(2.2.19-20)에서 인용했다. '오히려 맑은 정신으로……'와 '이 문제 그리고 이와 관련된 내용을……'은 에피쿠로스의 「메노이케우스에게 보내는 편지」(132, 135)에서 인용했다.

3장

세 가지 욕망에 대한 에피쿠로스의 성찰은 「메노이케우스에게 보내는 편지」(127-8)를 참고하라. '만족하는 건 불가능해……'와 '그대는 두려움에 반쯤……'은 호라티우스의 『풍자시』(1.1.61-3, 1.1.76-8)에서 인용했다. '자연스럽게 사는 데 필요한……'과 '행복한 삶의 한도를……'은 각각 에피쿠로스의 『중요한 가르침』 15번과 21번에서 인용했다. '충분함이 모자란다고 생각하는……'은 에피쿠로스의 『바티칸 금언』 68번에서 인용했다. 빵과 물이면 충분하다는 언급은 디오게네스 라에르티오스의 『유명한 철학자들의 생애와 사상』(10.11)을 참고하라. '소유하기보다 나누는 법을……'과 '자유로운 사람은 많은 것을……'은 각각 에피쿠로스의 『바티칸 금언』 44번과 67번에서 인용했다.

4장

우정에 관한 에피쿠로스의 성찰은 『바티칸 금언』을 참고하라. 도움과 믿음에 관해서는 『바티칸 금언』 34번, 상호 원조의 위험성에 관해서는 『바티칸 금언』 39번에 언급되었다. 우정에 관한 호라티우스의 성찰은 『풍자시』(1.3)에서 확인할 수 있으며, '다정한 내 친구들은……'도 같은 작품(1.3.139-41)에서 인용했다. '우정은 온 세상을 에워싸고……'는 『바티칸 금언』 52번에서 인용했다.

5장

'이처럼 명백한 감각적 증거를……', '물론 번개의 원리가……', '이런 다양한 지점들을 명심한다면……'은 에피쿠로스의 「피토클레스에게 보내는 편지」(96, 104, 116)에서 인용했다. '신들은 분명 존재하지만……'과 '불경한 사람이란……'은 에피쿠로스의 「메노이케우스에게 보내는 편지」(123)에서 인용했다. 신들에 관한 루크레티우스의 언급과 '육지의 3분의 2 정도는……'은 루크레티우스의 『사물의 본성에 관하여』(5.146-55, 5.2045)에서 인용했다. '내가 알기로 신들은……'은 호라티우스의 『풍자시』(1.5.101-3)에서 인용했다.

6장

죽음에 관한 에피쿠로스의 성찰은 「메노이케우스에게 보내는 편지」(124-7)를 참고하라. '살아 있지 않으면 두려워할 것이⋯⋯'는 「메노이케우스에게 보내는 편지」(125)에서 인용했다. '존재하지 않는 사람은⋯⋯'은 루크레티우스의 『사물의 본성에 관하여』(3.867-8)에서 인용했다. '우리는 단 하루에도⋯⋯'는 필로데모스의 『죽음에 관하여』(38.18-19)에서 인용했다. '무한한 시간이 유한한 시간보다⋯⋯'는 에피쿠로스의 『중요한 가르침』 19번에서 인용했다. '오늘을 즐겨야' 한다는 내용은 호라티우스의 『송시頌詩』(1.11)에 언급된다. '우리는 단 한 번 태어난다⋯⋯'는 에피쿠로스의 『바티칸 금언』 14번에서 인용했다.

7장

이 장에 나온 루크레티우스의 문장은 대부분 『사물의 본성에 관하여』 5권에서 인용했다. '무수한 원자들이 무한한 시간에⋯⋯'(5.187-90). '어떤 사람에겐 단 것이⋯⋯'(4.658-62). 하늘과 땅의 파괴에 관해서는 5.245-6에 언급되었으며, '한번 번쩍일 때마다⋯⋯'는 5.304-5를 약간 변형한 것이다. '지구를 맴도는 창공의⋯⋯'(5.483-6). '우리의 어설픈 추리로는⋯⋯'(5.532-3). '많은 생물종'과 '손쉬운 사냥감'에 관해서는 5.855 - 77에 언급되었다. '이런 행위들이 없었더라면······'(5.1026 - 7). '어제는 가죽이던 것이······'(5.1423 - 4). '인류는 부질없고 허망한······'(5.1430 - 32). '진정한 철학을 길잡이 삼아······'(5.1117 - 19).

맺음말

에피쿠로스가 이도메네우스에게 보낸 편지는 디오게네스 라에르티오스의 『유명한 철학자들의 생애와 사상』(10.22)에 수록되어 있다. 후대의 에피쿠로스 철학 해석에 관해서는 H. Jones의 *The Epicurean Tradition*(London: Routledge, 1989), C. Wilson의 *Epicureanism at the Origins of Modernity*(Oxford: Clarendon Press, 2008)를 참고하라. 카를 마르크스의 학위논문은 K. Marx and F. Engels, *Collected Works*(London: Lawrence & Wishart, 1975), Volume 1, p. 30에서 확인할 수 있다.

에피쿠로스의 네 가지 처방
불안과 고통에 대처하는 철학의 지혜

1판 1쇄 2022년 2월 17일
1판 2쇄 2022년 12월 19일

지은이 존 셀라스
옮긴이 신소희

펴낸곳 복복서가㈜
출판등록 2019년 11월 12일 제2019-000101호
주소 03707 서울특별시 서대문구 연희로11다길 41
홈페이지 www.bokbokseoga.co.kr
전자우편 edit@bokbokseoga.com
문의전화 031) 955-2696(마케팅) 031) 941-7973(편집)

ISBN 979-11-91114-19-5 03160